Te $^{66}_{64}$

DE LA

NÉCESSITÉ DE CONSERVER

LES

ASILES D'ALIÉNÉS

ET DES DISTRACTIONS

Comme moyen de traitement

PAR LE Dr VANVERTS

Médecin en chef de l'Asile de Lommelet.

LILLE

IMPRIMERIE LEFEBVRE-DUCROCQ, RUE ESQUERMOISE, 57.

—

1865

DE LA

NÉCESSITÉ DE CONSERVER

LES

ASILES D'ALIÉNÉS

ET DES DISTRACTIONS

Comme moyen de traitement

Depuis longtemps déjà, mais depuis quelques années surtout de sérieuses discussions se sont élevées au sujet de la réforme du traitement des aliénés ; et les deux opinions opposées, celle qui veut le maintien du système actuel, c'est-à-dire le traitement dans des asiles convenablement installés, soumis aux réglements administratifs, et dans lesquels on ne devra reculer devant aucun sacrifice pour améliorer le sort de ces malheureux ; et celle qui veut la colonisation ou le système de famille, ont trouvé d'ardents et de zélés défenseurs. Il y a peu de mois encore que de violentes et d'injustes attaques furent dirigées contre ces établissements, que des pétitions furent adressées au Sénat pour appeler l'attention de l'autorité contre les prétendus mauvais traitements exercés sur les malades, et pour insister sur les avantages dans certaines formes de l'aliénation mentale, de la liberté, du séjour dans la famille, ou chez des personnes spécialement chargées de ce soin, ces idées sont généreuses sans doute, elles sont dignes d'intérêt, et émanent de cœurs chauds et bienveillants, mais sont d'une application bien difficile, sinon impossible et sont repoussées par la plupart des hommes pratiques. Il me semble utile à cause de ces divergences de faire connaître en détail des faits propres à mon sens à démontrer l'utilité et même la nécessité de maintenir, et cela dans leur propre intérêt, séquestrés dans des asiles des malades qui sont signalés par la forme de leur folie, comme pouvant jouir des avantages de la vie de famille, c'est avec bonheur aussi que j'insisterai sur les efforts qui sont faits constamment dans notre asile de Lommelet pour l'amélioration physique, mais surtout morale des infortunés confiés à nos soins : c'est en effet par les moyens moraux seulement que l'on peut dans la plupart des cas ranimer ces intelligences abattues, affaiblies, ou ramener dans la vraie direction, celles qui ont fait fausse route, et sont sujettes à des conceptions erronées. Dans les asiles bien dirigés on peut mieux encore qu'en liberté en suivant le système de la colonisation, obtenir des résultats remarquables en donnant les avantages de la vie de famille sans les inconvénients et les dangers. Nous montrerons, par plusieurs exemples, combien de malades sortis heureusement guéris ont su se rappeler rendus à la liberté, les soins affectueux dont ils ont été entourés ; plusieurs même, sont venus à différentes reprises passer une journée de fête avec leurs anciens camarades, ne sachant comment nous témoigner leur reconnaissance.

Il y a six mois environ qu'entrait dans l'asile un malade âgé de 36 ans, habitant une grande ville du département du Nord, dont tout l'extérieur indiquait un épuisement physique et moral complets : le visage était pâle et amaigri, la physionomie était profondément altérée, les yeux ternes ne se fixaient sur aucun objet, l'hébétude était complète, l'intelligence avait disparu, c'est à peine si ce malheureux pouvait se rappeler son nom. A cet abattement succéda au bout de quelques jours de l'agitation, et au milieu de divagations incessantes on pouvait reconnaître la prédominance des idées érotiques : c'est en effet l'abus des plaisirs vénériens qui l'avait fait tomber dans cet état de dégradation. Les mêmes alternatives d'abattement et d'agitation eurent lieu pendant un mois, quand il fut pris d'une variole discrète qui nécessita les soins de l'infirmerie, dans le cours de cette fièvre éruptive on vit peu à peu l'intelligence se réveiller, les idées devenir plus nettes, il pût accentuer ses désirs, il s'informa de ses affaires de son entourage, et quelques jours plus tard il nous raconta les détails de son existence et les causes de son malheur.

Ce jeune homme d'une excellente nature, vivant avec sa mère, avait recueilli une aventurière séparée de son mari, qui avait été écuyère dans un cirque. Cette femme prit sur lui le plus fâcheux ascendant, et sût par des excitations habilement dirigées s'emparer de son esprit et de son cœur. Mais bientôt à l'exaltation succéda l'épuisement et la conscience de l'honnête homme se réveillant en lui, il fut effrayé des conséquences de sa mauvaise conduite, il parcourut la ville, se présenta dans les églises demandant pardon à Dieu et aux hommes : ce fut alors qu'on l'enferma.

Après l'amélioration que nous avons signalée, ce malade resta encore quelques temps dans l'asile, puis pressé par sa mère, par ses affaires, et aussi malheureusement peut-être par le désir de revoir cette femme, il sortit et ne tarda pas à nous écrire une lettre de vifs remerciements ; non content de cela il revint deux ou trois semaines plus tard, quand justement pour le vingt-cinq août on célébrait la fête de St-Louis dans la salle qui porte ce nom, il fit fête avec ses anciens camarades, passa la journée avec eux, et nous adressa à quelque temps de là cette lettre que je veux citer textuellement :

Mon cher frère,

Je viens vous prier de m'excuser de la négligence que j'ai mise à vous écrire pour vous remercier des bontés que vous avez eues pour moi pendant mon séjour chez vous, et surtout pour notre bonne fête de St-Louis dont je n'oublierai jamais les doux souvenirs, ainsi que les bonnes paroles de notre cher docteur, M. Vanverts, auquel je vous prie, mon très-cher frère, de présenter mes respects, etc.

Ces quelques mots suffisent, et c'est pourquoi j'ai tenu à les citer, pour montrer combien sont fausses les allégations de ceux qui sans preuves viennent parler des mauvais traitements exercés sur les aliénés. Ces temps, grâce à Dieu, sont passés depuis longtemps ; plus loin du reste, nous ferons connaître d'autres faits qui démontrent que dans les asiles où l'on sait faire preuve de dévouement, non-seulement les malades sortis se rappellent avec bonheur le temps qu'ils y ont passé, mais encore d'autres désirent de toutes leurs forces y rester, sentant bien, qu'incapables de se diriger eux-mêmes, ils sont plus heureux sous une direction bienveillante et paternelle ; nous dirons enfin par quels moyens on peut arriver à se les attacher.

Qu'entend-on par colonisation ou par traitement de famille ? on entend un système qui exclue en principe la réunion des aliénés dans des établissements, et ne l'admet que comme exception en y substituant les soins donnés en famille sous la surveillance et le traitement d'un médecin aliéniste, ainsi que cela se pratique à Gheel en Belgique, et à l'établissement de Fitz-James, chez les frères Labitte, avec quelques restrictions ; ou bien, et c'est ce que plusieurs départements par mesure d'économie, essayent en ce moment, en plaçant les malades inoffensifs, avancés en âge, chez des personnes de la campagne, habitant des lieux convenablement situés, dans de bonnes conditions hygiéniques, et qui peuvent sans danger pour la sécurité publique jouir de la liberté. En un mot on voudrait faire dans ce cas ce que l'on fait pour les enfants des hospices placés chez des nourrices. Mais, quelle différence n'y a-t-il pas entre ces deux classes d'infortunés ? qui ne sait du reste, les mauvais traitements auxquels sont souvent soumis les enfants confiés à des mercenaires, malgré la plus active et la plus intelligente surveillance ? et pourtant ces enfants qui grandissent chaque jour au sein de la famille, ne sont-ils pas propres à faire naître par leurs caresses et leurs progrès l'amitié et le dévouement ? tandis que les aliénés en les supposant dans les meilleures conditions sont le plus souvent par leur âge, par leur genre de folie, par leur malpropreté un objet d'ennui et de dégoût ; c'est pour eux surtout, que loin d'une surveillance incessante, on pourra redouter les mauvais traitements, aussi, je ne crains pas de le dire, si le système de la vie de famille venait à prévaloir, combien de ces malheureux qui vivent de longues années dans des asiles, au milieu d'une abondance relative qu'ils n'ont pas connue au sein de la liberté, mourraient bientôt faute de soins, faute d'alimentation convenable, faute de propreté, dans le dernier degré du marasme et de l'avilissement.

Voici, du reste, l'opinion de M. Marcé sur les colonies des aliénés, et celle que M. Jules Falret a développée dans son rapport sur la colonie de Gheel, présenté en 1861 à la Société médico-psychologique :

« Malgré les avantages qui frappent au premier coup d'œil,
» les colonies d'aliénés, comparées aux asiles, offrent sous
» beaucoup de rapports une notable infériorité : les malades
» dangereux ou agités y sont soumis à des moyens de con-
» trainte beaucoup plus rigoureux, et lorsqu'on songe à la
» difficulté que l'on éprouve même dans des agglomérations
» d'aliénés, pour prévenir tout sévice de la part des gardiens
» vis-à-vis de ceux qui leur sont confiés, on devine sans
» peine les abus qui doivent se produire quand malades et
» gardiens sont disséminés sur une vaste étendue de terrain
» et soumis seulement à un contrôle passager. Le bien-être
» matériel est relativement inférieur à celui des asiles. Ajou-
» tons enfin, et ce point a une influence de premier ordre,
» que la dissémination des malades est la négation presque
» absolue du traitement médical. Comment les médecins
» pourraient-ils, malgré tout leur zèle, suivre le traitement
» individuel de six ou sept cents individus dispersés sur une
» commune de neuf lieues de pourtour ? Quelle action exercer
» sur des aliénés qui ne sont soumis à aucune règle, à
» aucune discipline, et se trouvent abandonnés à la libre et
» complète manifestation de leur délire ?

» En résumé, les colonies d'aliénés ont l'incontestable
» avantage de démontrer que beaucoup de ces malades sont

» moins dangereux qu'on ne le suppose ; elles prouvent qu'on
» peut, sans nuire à la sécurité de tous, leur accorder une
» liberté plus grande que celle qui leur est généralement
» accordée ; mais un esprit inexpérimenté peut seul voir dans
» ce mode d'organisation une méthode également applicable
» à toutes les catégories d'aliénés. La colonie, dit avec raison
» M. Falret, peut convenir aux aliénés arrivés à une période
» avancée de chronicité, qui sont généralement tranquilles et
» inoffensifs, qui ne présentent que de loin en loin des paro-
» xysmes d'agitation et qui n'exigent ni des soins ni un
» traitement assidus, ni des moyens de répression énergiques;
» mais, pour les malades qui, dans les périodes aiguës de
» leur affection offrent de véritables dangers pour eux-mêmes
» et pour la sécurité publique, pour ceux dont l'état maladif
» réclame des soins de chaque instant ou un traitement
» médical suivi avec persévérance, aucun moyen ne pourra
» remplacer les avantages moraux et matériels que les
» aliénés trouvent dans des asiles bien organisés. »

Entrons dans quelques détails sur les différentes formes
de la folie, et nous verrons pour combien peu pourrait être
appliqué le système de colonisation ou de vie de famille ;
c'est par des faits seulement qu'on peut faire ressortir l'im-
possibilité et les dangers de ce système qui à première vue
intéresse, se fait de nombreux partisans en semblant sauvegarder la liberté individuelle si chère à tous, mais ne peut
soutenir une discussion sérieuse, et ne peut surtout résister
devant des faits bien analysés. Et d'abord, de l'aveu même de
ceux qui réclament la réforme avec le plus d'ardeur, les cas de
manie aiguë, et cela se comprend de soi, doivent être éliminés.
Il en est de même des crétins et des enfants aliénés. Nous
pouvons encore y joindre les épileptiques aliénés. Qui, en
effet, oserait laisser en liberté ces malades si dangereux pour
eux-mêmes et pour la sécurité publique? Qui ne sait qu'au
moment des crises, ayant perdu toute conscience, ils se livrent
avec fureur à des actes d'une férocité sauvage ? Il y a peu

de temps encore qu'un de ces forcenés étant parvenu à se détacher, chercha à frapper un autre épileptique avec une extrême violence, et cela rien que parce qu'il était dérangé par un peu de bruit. Des faits de ce genre se renouvellent tous les jours, et des meurtres seraient fréquents si plusieurs de ces aliénés étaient laissés en présence sans une surveillance constante. Qui ne soit encore que, chez un bon nombre, les crises se répètent à certaines époques jusqu'à cinq, six, sept, huit, dix fois et plus par jour, et que si l'on n'était à chaque instant présent pour leur porter secours, la plupart succomberaient en peu de temps à la suite des blessures qu'ils sont exposés à se faire? Qui ne connaît, enfin, la susceptibilité de leur caractère, le danger de les contrarier et les ménagements nécessités par ces dispositions? Or, les épileptiques sont malheureusement en grand nombre dans les asiles, et ils forment chez nous le dixième de la population.

Nous n'aurons pas besoin d'insister pour montrer l'utilité des asiles dans cette maladie qui tous les jours prend de si grandes proportions, fait tant de victimes, à tous les âges et dans toutes les classes de la société; je veux parler de la démence paralytique ou paralysie générale progressive. Tout le monde sait que ceux qui en sont atteints réclament des soins incessants, et que, sans un dévouement vraiment admirable, ils seraient abandonnés, car rien n'égalerait le dégoût qu'inspireraient ces malheureux tombés dans le dernier degré d'abrutissement. Eux aussi font nombre dans nos asiles; leur chiffre dans les statistiques s'élève constamment, et ils entrent dans la population de notre établissement pour un huitième environ.

C'est parmi les aliénés atteints de démence que l'on pourrait trouver peut-être le plus de sujets capables de jouir de la liberté et de la vie de famille; et pourtant bien souvent, dans une variété de cette affection, dans la démence sénile, quand il serait facile de laisser ces vieillards, la plupart du temps inoffensifs ou incapables de nuire par la faiblesse et la caducité, finir leur vie en paix dans leur famille, on les amène dans les asiles pour les empêcher de mourir de faim et de misère. C'est qu'en effet, chez les pauvres, à la campagne en particulier, ils sont une lourde charge pour leurs enfants, qui sont déjà dans la gêne, ils ne peuvent recevoir les soins nécessités par leur âge, et les communes manquant d'hospices pour les recevoir, l'autorité, doit dans leur intérêt, les faire admettre dans des maisons d'aliénés, où les soins de la nourriture et de l'entretien leur seront assurés. Dans mon rapport au Conseil Général de cette année, j'ai signalé, ce qui m'a semblé un véritable abus, l'envoi de vieillards dont quelques-uns atteignent l'âge de soixante-dix-huit, quatre-vingts et quatre-vingt-un ans. Je fis aussi à ce sujet quelques remarques aux médecins inspecteurs des départements dont nous recevons les malades, et ils me répondirent que bon nombre de ces vieillards en démence, mendiant de village en village, seraient exposés à mourir abandonnés s'ils n'étaient recueillis dans les asiles.

Il est une forme de folie, les hallucinations, dans laquelle bon nombre de malades semblent à première vue calmes, inoffensifs, capables de jouir en liberté de la vie commune. Quelques gestes singuliers, un regard obstinément fixé sur un objet, une attention extrême, comme pour percevoir des sons au milieu du plus profond silence, indiquent bien un trouble mental, mais qui semble de légère importance pour des personnes peu habituées à voir des aliénés, et pourtant, ces hommes si calmes en apparence, entendent peut-être des voix qui leur ordonnent d'assassiner telle ou telle personne ; peut-être voient-ils un être qui les pousse à l'incendie, et ces hallucinés, constamment poursuivis par la vision ou la voix imaginaire, n'auront plus de repos qu'ils n'aient accompli l'ordre qui leur est donné. Un autre, trompé par le goût, refuse tout aliment, car on le nourrit de chair humaine. Pourrait-on, en conscience, laisser en liberté ces hommes si dangereux pour eux et pour tous ceux qui les entourent, et qui méditent de sinistres projets ?

Voici un fait qui montre combien les personnes peu au courant de ces questions sont sujettes à se tromper.

Un homme de soixante-cinq ans, qui avait toujours mené une existence honorable, tomba, à la suite de malheurs de famille (la perte d'un fils qui, en voyage, s'était volontairement donné la mort, et des entreprises qui dépassaient ses ressources) tomba dans une mélancolie profonde ; il se crut déshonoré, montré au doigt dans son pays, refusa les aliments et songea même à se tuer. Après trente ans de bonne entente avec sa femme, il la prit en aversion et la menaçait constamment : on dut alors l'enfermer. Le repos, la vie régulière de l'asile ramenèrent en apparence un peu de calme dans son esprit. Il reçut des visites qui parurent lui faire plaisir, mais intérieurement il était tourmenté par les voix qui le poussaient au mal : il devenait alors violent, et demandait lui-même qu'on l'attachât pour l'empêcher de nuire. Un monsieur de Lille qui s'intéressait à lui et l'avait vu plusieurs fois, trompé par les apparences, vint me visiter me demandant sa sortie et prétendant qu'on pouvait sans danger le rendre à sa famille. Je lui fis remettre à quelques jours de là une lettre de ce malade dans laquelle il parlait des troubles de son esprit et du penchant irrésistible qui le poussait au mal. A la lecture de cette lettre, ce monsieur se rendit à Lommelet, accompagné de la femme de notre halluciné, prétendant qu'elle avait été faite sous ma dictée, et que cet homme était dans un état mental très satisfaisant. Malgré les observations qu'on put lui faire, il insista pour le voir, espérant nous confondre et montrer notre mauvaise foi. Mais à peine en présence de sa femme, le malade poussa des cris effrayants, se roula sur le plancher, et se relevant brusquement, voulut saisir ses visiteurs à la gorge et les frapper violemment : on dut s'emparer de ce forcené, et notre habile appréciateur, que l'on n'a pas revu depuis, doit être convaincu, je le suppose du moins, du danger qu'il y aurait à mettre en liberté ce vieillard à l'apparence si débonnaire.

Il est encore d'autres malades, dont le nombre malheureusement va toujours en augmentant, pour qui la liberté est dangereuse, souvent funeste et cause de mort prématurée. Ce sont ces hommes qui, adonnés depuis longtemps aux boissons alcooliques, sont incapables de résister aux funestes désirs qui les entraînent à boire, et qui, après être revenus à plusieurs reprises dans les asiles, finissent par mourir dans le dernier degré de l'abrutissement et de la misère s'ils sont rendus à la vie commune. Des exemples se présentent tous les jours, et l'on n'a qu'à se reporter à l'intéressant et remarquable travail que notre collègue M. Joire lut au sein de la Société de médecine, sur l'ivrognerie considérée comme forme de folie-suicide. Sans entrer dans de nouveaux détails pour sentir combien la séquestration continue, permanente, est indispensable dans les cas où le malade ayant plusieurs fois succombé, a dû, après plusieurs sorties, être réintégré dans un asile.

Dans un des exemples où notre confrère, malgré ses protestations, vit l'autorité judiciaire exiger la mise en liberté d'un homme dont les habitudes d'ivrognerie étaient bien avérées, après nous avoir montré les funestes conséquences de cette détermination, il ajoute : « Tout le monde, ce me semble,
» appréciera la gravité d'une pareille condition, et reconnaîtra
» la nécessité de priver de la liberté pendant un certain temps
» un homme qui, sous les apparences d'une raison complète,
» manifeste dans ses actes devant l'entraînement des passions,
» une aussi radicale impuissance de la volonté. »

Nous nous associons complètement à ces paroles, et nous allons plus loin en disant qu'après plusieurs récidives, il faudrait pouvoir tenir enfermés pour toujours ceux chez qui cette funeste passion est bien constatée. Des faits de ce genre trop fréquents ont obligé le médecin-inspecteur du Pas-de-Calais à prendre des mesures pour diminuer autant que possible le nombre des victimes. Dans ce département, avant de rendre à la liberté un aliéné dont les habitudes d'ivrognerie sont connues, on avertit l'autorité pour que les débitants de boissons de la localité où il réside, surtout dans les petites villes et dans les villages, refusent de les recevoir dans leurs établisse-

ments. Grâce à ce moyen, on a, chez quelques-uns, arrêté le
mal ; mais pour beaucoup d'autres et dans les grandes villes
surtout où la surveillance est plus difficile et où les cabarets
sont plus nombreux, on n'a pu jusqu'ici trouver de remède
efficace.

Il est encore bien des formes de folie dans lesquelles le
malade calme, docile, se livrant au travail quand il séjourne
dans un asile et est astreint à une discipline régulière, ne
saurait, malgré les apparences, être maître de ses actions sans
danger et sans de grands inconvénients pour lui-même et pour
la société. C'est ce que nous voyons dans la manie ambitieuse
sans paralysie ou avec menace de paralysie. Les cas du premier
genre sont sans doute peu fréquents ; mais un exemple qui
vient de se produire à Lommelet, montre combien souvent,
dans une période de calme, les apparences sont trompeuses
et les erreurs faciles quand il s'agit de décider si celui qui est
atteint de cette forme de folie doit être rendu à la liberté, ou
maintenu séquestré quand même le calme durerait depuis
longtemps déjà.

Le nommé X., âgé de 38 ans, a été admis à l'Asile en 1857;
d'un caractère très ambitieux, poussé par le désir d'arriver
rapidement à la fortune, il se lança dès qu'il fut dans les
affaires, dans des entreprises au dessus de ses moyens pécu-
niaires et intellectuels. Après avoir en peu de temps dépensé
sa fortune, fait des dettes et compromis sa famille, on dut
l'enfermer. Depuis cette époque il se regarde constamment
comme victime, veut réclamer à ses parents, par voie judiciaire, pour son incarcération illégale, des sommes considé-
rables, se donne des titres de noblesse, et forme des projets
de mariage extravagants. Après bien des alternatives d'agitation et de calme, ce jeune homme conservant cependant ses
idées ambitieuses, mais sachant, dans certains cas, les dissi-
muler pour arriver à obtenir sa sortie, fut plusieurs fois soumis
à l'examen des membres du parquet, du président du tribunal
et des inspecteurs qui depuis 1857 visitèrent l'établissement,

sans pouvoir rien obtenir ; quand, à la fin de 1864, M. le
procureur impérial ayant longtemps écouté ses réclamations et
ses plaintes, qu'il eut soin du reste de formuler avec beaucoup
de modération, résolut de faire droit à sa demande et de lui
accorder, à titre d'essai, sa sortie. Ce maniaque, en effet, se
prétendait capable de se créer par le travail une position indé-
pendante, et serait même rapidement, une fois en liberté,
arrivé à la fortune. Il n'oublia pas dans cette occasion les
reproches mille fois répétés contre sa famille qui, depuis sept
ans, le tenait enfermé sans raison. Avant de rien décider,
M. le procureur me pria de lui donner quelques renseigne-
ments. Je dus lui dire qu'à mon sens la mise en liberté de ce
malade serait fâcheuse pour lui et pour les siens, et que
bientôt, incapable de se conduire, après s'être livré à ses projets
extravagants, il serait arrêté de nouveau et réintégré dans un
asile. J'ajoutais que, ce qui surtout serait à craindre dans une
vie agitée au milieu des excès de toute sorte, ce serait le déve-
loppement rapide d'accidents de paralysie générale progressive
qui jusqu'aujourd'hui était restée à l'état de menace, et avait
été avantageusement combattue par le repos d'une vie régulière. Malgré ces observations, ce magistrat, après avoir
entendu un parent de l'aliéné qui redoutait, avec de bonnes
raisons du reste, son élargissement, et demandait instamment
la continuation de son incarcération, persuadé qu'il y aurait
injustice à le retenir plus longtemps sans tenter quelque chose,
ordonna sa sortie, qui eut lieu au commencement de cette
année. Un mois à peine s'était passé que déjà, à Paris où il
était, il se livrait à ses désirs ambitieux et cherchait à les
mettre à exécution. Il écrivit à un ancien malade qu'il avait
connu dans l'établissement, et qui l'avait quitté presqu'en même
temps que lui, pour emprunter dix mille francs, puis il en
demanda trente mille pour former une association et faire,
disait-il, le commerce en grand ; il projeta un mariage avec une
personne riche et noble, voulut rendre visite à l'Empereur ; en
un mot, se livra tout à son aise à ses désirs ambitieux, à un

point tel qu'on dut le faire arrêter. Il est rentré depuis quelques
semaines dans l'Asile d'où il n'aurait jamais dû sortir, de plus
en plus disposé à crier à l'injustice et à nous menacer tous de
procès.

Ce fait ne montre-t-il pas combien les personnes les plus
éclairées, les mieux intentionnées peuvent faire fausse route
quand il s'agit de décider une question de ce genre ? nous
voyons en effet M. le procureur impérial qui croit en conscience
malgré notre avis et celui de la famille, devoir tenter une
épreuve trompé par des paroles calmes et presque raisonnables, être obligé de regretter la mesure qu'il a prise, vu la
nécessité d'enfermer de nouveau ce malheureux incapable de
se diriger même pendant quelques semaines.

Pourra-t-on davantage laisser en liberté loin de toute
surveillance les hypochondriaques, les hypémaniaques, les
mélancoliques si souvent portés au suicide et qui s'ingénient à
tromper leurs gardiens pour mettre à exécution leurs projets ?
pourra-t-on laisser libres ceux qui ont la manie du vol ? en ce
moment même nous sommes obligés de conserver un jeune
homme dont l'état mental est parfait en apparence, qui pourrait rendre à sa mère de grands services, mais qui poussé par
un penchant dont il ne sait se rendre maître, cherche à dérober
constamment les objets qui lui tombent sous la main. Pourra-
t-on laisser libres ceux qui sont atteints d'hallucinations compa-
tibles avec la raison ? non, car chez eux aussi ces hallucinations
pourront peu à peu prenant le dessus sur l'intelligence et la
raison en les déprimant, pousser celui qui en est atteint à se
nuire et à nuire à ses semblables. Nous avons reçu il y a quelques semaines un malade dans ce cas, après un court séjour
dans l'asile il y a quelques années, il pût retourner chez lui et
jouir en paix d'une fortune considérable fruit de son travail ;
tourmenté de nouveau dans ces derniers temps, et cela pendant
la nuit seulement, par des voix qui lui occasionnent de grandes
frayeurs, il demanda à revenir prendre chez nous du repos,
redoutant les effets de ses hallucinations, bien qu'il comprit ses

erreurs, et jouit pendant la journée de toute son intelligence.

Sont également dangereux pour la société bien que calmes et pouvant se livrer au travail ces aliénés atteints de manie érotique et qui sont un juste sujet de crainte pour le pays qu'ils habitent, les mêmes remarques s'appliquent à ces imbéciles qui arrivés à l'âge de la puberté, s'ils ne sont constamment surveillés, cherchent à assouvir leurs brutales passions, et sont le plus souvent les auteurs de ces attentats à la pudeur, de ces tentatives de viol dont le nombre ne fait que s'accroître, et qui à chaque session des assises viennent plusieurs fois renouveler leurs hideux détails. Nous avons bon nombre d'adultes dans ce cas, ils ne seraient pas plus tôt rendu à la liberté, qu'ils seraient une cause de scandale public. Certes à première vue on crierait à l'injustice de les tenir ainsi enfermés.

Il est enfin d'autres malades difficiles à dénommer, qui sans être imbéciles souvent d'une intelligence médiocre, poussés par de mauvais instincts, sont incapables de se conduire, font le désespoir de familles honorables, où ils n'ont puisé que de bons exemples, et méritent à tous égards bien qu'ils ne soient pas aliénés proprement dits d'être tenus sous une active surveillance, qui peut s'exercer dans les asiles seulement, pour empêcher des fautes graves, une vie scandaleuse, des crimes quelquefois mais toujours le déshonneur pour les parents. Les exemples ne manquent pas, et je pourrais ici entrer dans de longs détails qui montreraient l'exactitude de ces observations, mais j'aime mieux me taire et passer ces faits sous silence pour ne pas réveiller dans plusieurs familles de pénibles souvenirs, je le dis en toute sincérité, l'incarcération est une mesure non-seulement sage mais nécessaire, et l'autorité loin de vouloir comme cela arrive bien souvent, mettre en liberté ceux qui son. dans ce cas, devrait nous aider à les maintenir le plus long-temps possible pour éviter bien des malheurs dans la sociétét Nous avons plusieurs jeunes gens qui savent reconnaître les services que nous leur rendons en les tenant éloignés de l'occasion de faire le mal, occasion à laquelle ils ne sauraient ré-

sister, ils apprécient les raisons qui nous forcent à les conserver et sont heureux et reconnaissants de la vie qu'on cherche à
leur procurer dans l'intérieur de l'asile.

Je n'ai pas eu la prétention de passer en revue toutes les
formes de l'aliénation mentale, j'ai voulu seulement montrer
que contrairement aux assertions de ceux qui demandent à
grands cris le plus de liberté possible pour les aliénés, et qui
n'acceptent encore le séjour dans les asiles que comme une
exception, bien peu de malades seraient capables pour une raison ou pour une autre de jouir de la liberté, dans ce que l'on
appelle la vie de famille.

Ce sur quoi l'on s'appuie pour formuler des plaintes et des
réclamations, c'est sur le petit nombre relatif des aliénés agités,
et qui par conséquent sont ou semblent dangereux, tandis
qu'au contraire et je crois l'avoir suffisamment démontré, la
plupart des aliénés calmes, hébétés en apparence exigent une
surveillance incessante, et d'autres qui sont inoffensifs doivent
encore être tenus éloignés de la société pour sauvegarder la
morale, et empêcher la débauche et ses funestes conséquences.
Sur six cents trente malades que renferme notre asile, il n'en
est pas trente, pas vingt peut-être que j'oserais rendre à la
liberté sans appréhension, et cette appréhension serait partagée
je n'en doute pas, par tous ceux qui ont vu de près des aliénés
et ont vécu au milieu d'eux.

Un mot en finissant, sur un fait qui vient de se passer il y a
quelques jours. Un homme de la campagne âgé de 40 ans, à la
figure sournoise, d'un caractère sombre et concentré, fut admis
dans l'asile il y a deux mois, il se montra depuis son entrée toujours calme et inoffensif, il était cependant l'objet d'une surveillance rigoureuse, car c'était le meurtre d'un enfant dans un
accès de violence qui avait nécessité son incarcération, et son
regard faux et méchant faisait redouter quelque mauvais des-
sein, quand un jour un frère avec qui il n'avait jamais eu de
rapport, et contre qui par conséquent il ne devait pas avoir de
rancune, venant à passer dans la salle où il se trouvait, il s'em-

para d'un balai et l'en frappa violemment sur la tête jusqu'à le renverser, puis il continua sa promenade comme si rien ne venait de se passer. Dans ce fait si on s'était arrêté aux apparences, on aurait crû après deux mois de calme continu à une amélioration qui n'existait pas, et peut-être plus tard, cédant aux instances de la famille aurait-on été disposé à rendre trop tôt à la liberté cet homme si dangereux, et capable de commettre toute sorte de crimes. Ce qui prouve une fois de plus qu'on ne peut se fier aux apparences et qu'il faut mettre dans l'élargissement des aliénés une grande lenteur et une extrême prudence.

J'ai cité en commençant, pour répondre aux reproches de mauvais traitements ou au moins de séquestration rigoureuse et injuste ; l'exemple d'un malade qui après sa sortie nous a dans des lettres toutes spontanées témoigné sa reconnaissance pour les soins affectueux dont il avait été entouré, et rappelait avec complaisance certaines journées de fêtes, je pourrais multiplier ces faits à l'infini, mais il est d'autres aliénés, qui malgré une amélioration sensible, malgré leur guérison, redoutent leur élargissement et cherchent par tous les moyens à prolonger leur séjour. Ceci parle plus haut que toutes les paroles et répond à toutes les accusations, mais voici quelques détails. Un malheureux atteint de lypémanie, âgé de 40 ans, père de famille, entra à Lommelet en juin 1864, sujet dès le début à des craintes exagérées et le jour et la nuit, se croyant entourés d'ennemis il refusa pendant les premiers mois souvent les aliments, et son état mental était surtout entretenu par des troubles nerveux de l'estomac. Peu à peu les idées délirantes changèrent de caractère, disparurent et furent remplacées par de l'abattement qui n'empêchait nullement le malade de se livrer à un travail peu fatiguant mais régulier. Cédant aux demandes réitérées de sa femme dont la position est très précaire, je voulus à plusieurs reprises lui accorder sa sortie ; mais je dus y renoncer, car après chaque tentative malgré les souvenirs que je cherchais à éveiller, en lui parlant de sa femme et de ses enfants pour qui il semblait avoir une amitié sincère, il tombait dans une hébétude,

une stupeur qui duraient plusieurs semaines pendant lesquelles on avait peine à lui faire accepter les aliments. Lors de la visite de l'inspecteur général, il y a six mois, mêmes troubles, mêmes hésitations, dernièrement enfin en présence de sa femme qui lui expliquait sa malheureuse situation, il demanda avec instance à demeurer dans l'asile, se sentant disait-il, incapable de vivre au-dehors, et craignant de retomber bientôt si l'on exigeait sa sortie. Nous avons plusieurs malades du même genre qui sont guéris en apparence, mais chez qui l'idée d'être rendus à la société ramène des troubles intellectuels bien prononcés, et qui proclament hautement combien ils sont heureux au milieu des distractions que l'on cherche à varier et à multiplier.

Je prends au hasard pour éviter les longueurs et les répétitions quelques mots des lettres adressées par un certain nombre d'entre eux après leur sortie. Plusieurs avaient réclamé leur liberté avec de vives instances et pourtant quand ils en jouissaient, ils se rappelaient avec plaisir de Lommelet et nous écrivaient. Je cite textuellement : « Je m'embête passablement, je vais chercher une position.... ce que je vois et entends ne vaut pas Lommelet.... j'ai été au théâtre, les uns disent que c'est bien, les autres disent qu'ils y baillent et moi je n'y ai rien compris, dites moi des nouvelles de notre théâtre, musique, du canard blanc.... si le diable n'était pas dans ma bourse, j'aurais déjà été vous voir. »

Un autre après sa sortie ne sachant à quoi s'occuper, incapable du reste d'un travail assidu écrivait :

Demandez donc au Père prieur de me recevoir, dites lui que je ferai tout ce qu'il voudra.

D'autres au moment du départ pleuraient, se cachaient, et demandaient en grâce de rester.

Un autre encore, m'avez-vous oublié, j'étais si bien chez vous.

Et un autre : « avant tout, je veux vous remercier de la bonté que vous avez eu de répondre à ma première lettre, et viens vous prier d'excuser la longueur démesurée de mon épître. Ce

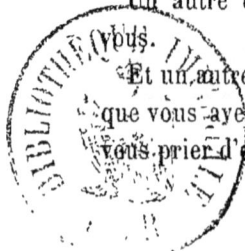

sont mes souvenirs que j'adresse à frère X... et à vous qui m'a-
vez toujours été si favorable. Me refuserez-vous de les commu-
niquer à mon ange gardien sur terre, car c'est un gage d'atta-
chement et de reconnaissance, qui doit si c'est possible,
resserrer encore les liens de notre amitié. »

Un autre enfin : « Oui, je vous dois les meilleures heures que
j'ai goûtées de ma vie, et j'ai la conviction que je vous dois
encore tout ce que j'ai acquis et gardé de bon dans l'âme. »

En voilà assez je pense pour montrer combien les soins affectueux laissent chez bon nombre d'entre eux de profonds souvenirs de reconnaissance, je ne saurais trop protester contre ces
vagues allégations qui tendent à jeter le discrédit sur des hommes qui à chaque instant du jour et de la nuit, font preuve de
dévouement et d'abnégation : mais pour obtenir ces résultats, il
ne faut pas se contenter des soins vulgaires, réglementaires si je
puis ainsi parler ; il faut, que modifiant les vieux errements
suivis dans les asiles, on cherche par tous les moyens à réveiller
l'intelligence de ces malheureux insensés, qu'on les fasse
s'aimer entre eux, vivre de la vie commune, et qu'on ne recule
devant aucun sacrifice, pour leur donner un travail, des fêtes,
des récréations appropriés à leur état mental, et aux différents
troubles de leur intelligence. C'est ce que depuis quelques
années nous avons essayé, et les résultats ont dépassé toutes
nos espérances.

II.

On trouve bien dans les ouvrages récents d'aliénation mentale quelques indications concernant le traitement moral des
aliénés, quelques mots sur les distractions que l'on peut chercher à leur procurer mais nulle part on ne trouve de détails sur
l'organisation de ces récréations et sur les résultats obtenus.
En visitant des asiles on trouve bien chez plusieurs des specta-
cles organisés, des sociétés de musique, mais là encore, en
examinant de près les choses, on voit que tout cela est plutôt
illusoire, indiqué sur le programme, que réel et fonctionnant
régulièrement, c'est qu'en effet, il faut pour arriver à un ré-

sultat favorable, en évitant les abus et en maintenant toujours la régularité, sans se relâcher dans la surveillance, une patience et un dévouement infatigables. C'est au zèle de l'aumônier et d'un frère aujourd'hui supérieur de la maison que nous devons la réussite de nos essais. Entrons dans quelques détails sur les moyens employés, ces moyens sont de deux ordres, nous les trouvons dans le travail, mais j'entends le travail bien organisé ; et dans les récréations.

TRAVAIL.

Tous ceux qui ont visité un asile savent qu'un certain nombre d'aliénés paisibles sont employés à différents travaux, soit d'agriculture, soit d'intérieur. Mais il en est d'autres qui, malgré une constitution robuste et une santé qui exigent le travail, ne peuvent être employés sans être constamment soumis à la surveillance : ce sont en particulier ces garçons de vingt à trente ans, mauvais sujets pour la plupart, poussés à la débauche, qui ont besoin d'être occupés, mais toujours sous un œil vigilant. C'est pour eux que l'on a formé un vaste atelier, devenu déjà trop petit et que l'on est en train d'agrandir, où, au nombre de plus de cinquante, logés dans un quartier à part, sous la direction de trois frères et d'un maître tailleur, ils se livrent à différents travaux d'aiguille, font des bas au métier et se disposent même à fabriquer de la toile. Depuis deux ans, ces malades qui, pour la plupart, n'avaient jamais manié l'aiguille, sont parvenus à confectionner des habits de manière à mériter les plus grands éloges. Des vêtements élégants ont été faits pour nos pensionnaires, et de grandes maisons de confection de Lille ont déjà fait des offres pour nous faire accepter de grandes commandes pour la saison d'hiver. Grâce à ce travail bien dirigé, nous avons vu des malades, dans une hébétude complète, revenir en peu de temps à des idées plus lucides. Nous en avons vu d'autres, après un séjour de plusieurs mois dans la salle des agités, où ils étaient en proie à une excitation constante, reprendre du calme et s'appliquer avec zèle, après quelques semaines de séjour dans cet atelier, tant, dans certains cas, l'exemple peut être puissant pour réveiller ou ramener dans la bonne voie ces intelligences perdues ou égarées. Un autre, mauvais sujet de la pire espèce, a pu, après une longue épreuve, être rendu à sa famille, quand auparavant on aurait hésité à le laisser en contact avec les autres malades. Les moyens d'action sont l'émulation et les récompenses. Chaque semaine on donne une rétribution aux travailleurs dont on a été satisfait, et cette rétribution est proportionnée aux bonnes notes qu'ils ont eues pendant la semaine, sous le rapport de la conduite, du bon ton et du travail. A la fin du mois, on donne les places, les noms sont inscrits sur un tableau, et chacun aspire à figurer au premier rang. Chaque quinze jours, il y a une promenade hors de l'asile, et n'y sont admis que ceux dont on n'a eu qu'à se louer pour leur bonne conduite. Dans cet atelier, les uns sont occupés à la taillerie, soit mécanique, soit à l'aiguille. Il y a trois établis : l'établi d'honneur, celui des ouvriers de second ordre, et enfin celui des commençants, des paresseux, de ceux en un mot dont on est le moins satisfait. D'autres ont appris à faire ou à raccommoder des bas à l'aiguille et à la mécanique, et ils sont parvenus à monter et à démonter eux-mêmes leur métier ; d'autres dévident le fil ; d'autres préparent les fers ; en un mot, le travail est distribué à chacun suivant ses capacités.

Quant au résultat moral, et c'est ce que l'on cherche avant tout, il a, je le répète, dépassé toutes les espérances. Le plus grand ordre et la plus grande tranquillité règnent dans cet atelier où se trouvent réunis des malades atteints de folies diverses et souvent de caractères violents : c'est à peine si tous les mois on est obligé de sévir pour quelques-uns.

Ainsi, le nommé B...., manie du vol, dangereux pour les mœurs ; — grande amélioration.

H..., manie suicide, mauvais caractère indiscipliné, grossier ; — souple et soumis.

V...., mauvais caractère, sortant du bagne; — docile; sorti guéri.

S...., imbécile, coureur, dangereux pour les mœurs; — grande amélioration; occupé, se trouvant à l'Asile mieux que partout ailleurs.

F...., manie aiguë, dangereux; — doux, calme, tranquille.

R...., très méchant pendant quinze ans, on n'osait le mettre en contact avec les autres tant on craignait les accidents; — soumis, respectueux, obéissant.

D...., manie aiguë, longtemps agité; — convalescent.

R...., très méchant, dangereux; — doux, complaisant, homme de confiance.

L...., manie suicide, scrupules religieux, constamment à genoux; — excellent travailleur, homme de confiance.

D...., manie du vol, détériorant tous les objets dont il peut s'emparer; — corrigé, bon travailleur.

D...., halluciné, ne pouvant s'appliquer à rien, entendant constamment des femmes dans le grenier; — travaille maintenant très bien.

C...., maniaque d'un caractère violent et dangereux; — travaille très bien.

B...., idem.

L.... et N...., hébétés stupides; — rendus à la raison.

F...., manie ambitieuse, orgueil insupportable; — maintenant souple, doux, complaisant.

Sans doute, tous ne guériront pas, mais tous au moins seront améliorés, seront arrachés à leurs mauvaises habitudes, et déjà ce sera, il me semble, un beau résultat. Il ne faut pas croire que ces malades occupés à un travail assidu, soient pour cela privés de mouvement et d'exercice; au contraire, aux heures de récréation, ils s'amusent à différents jeux dans une vaste cour où ils sont entre eux et parfaitement libres. Les uns élèvent des lapins, qui serviront plus tard pour le repas de la fête de l'atelier; d'autres prodiguent leurs soins à des pies apprivoisées. Chacun a ainsi son moyen de distraction, toujours il est occupé, et est ainsi éloigné de ses mauvaises habitudes ou de ses idées délirantes qui dans l'inaction s'emparaient de lui, le travaillaient, l'absorbaient et ne faisaient qu'aggraver son mal.

RÉCRÉATIONS.

Le *Canard blanc*.

Les malades ayant droit à un pécule fruit de leur travail, doivent avoir l'occasion d'en jouir, et c'est du reste ce qui est recommandé par les inspecteurs et est dans les vues de l'administration. Le *Canard blanc*, telle est l'enseigne de l'hôtel, qui la plupart du temps n'est qu'une buvette. On y vend de la bière, du vin, du café, de l'eau-de-vie et des cigares, le tout à bon marché. Il y a un règlement que l'on suit scrupuleusement pour éviter tous les abus. Il y a un président choisi parmi les plus raisonnables, qui a en même temps la surveillance générale ; il a son conseil d'administration, qui se compose d'un vice-président, des présidents de jeux, d'un secrétaire, d'un trésorier, d'un garçon de buvette. Le secrétaire doit inscrire le nom des consommateurs, le liquide et la quantité, de manière que l'on puisse toujours se rendre compte de tout. La dépense, à moins d'une permission spéciale, ne peut dépasser, même pour les employés et certains malades, la somme de vingt-cinq centimes ; pour d'autres, la dépense est limitée à vingt centimes, quinze centimes ou dix centimes. Ces réunions ont lieu tous les dimanches et fêtes, après vêpres, c'est-à-dire depuis quatre heures jusqu'à sept heures ; elles se font pendant l'hiver dans une salle fermée, avec une vaste cour attenante, et pendant l'été, dans un petit bois où la surveillance peut cependant s'exercer facilement. Chacun des administrateurs a à cœur de conserver ses fonctions et de faire prospérer l'œuvre. Aussi, il faut les voir s'occuper activement afin de bien remplir ce dont ils sont chargés. Dans ces récréations on a établi des jeux variés, de quilles, de boules, de billard, de grenouille, d'échec, de dames, de cartes et de dominos. A chacune des parties se trouve, outre le président du jeu, un domestique de confiance qui veille à ce que tout se passe dans le plus grand ordre ; et même, il faut le reconnaître, ces petites réunions sont non-seulement profitables aux malades, mais nous permettent de donner à nos domestiques, dans l'intérieur de l'établissement, des récréations honnêtes. Or, chacun sait que la grande difficulté des asiles, c'est de se procurer et surtout de conserver des employés convenables, moraux, ne venant pas après leur sortie donner de mauvais exemples ou tenir des propos inconvenants. Après la journée, les administrateurs font le relevé des recettes et des dépenses et apposent leur signature. Les bénéfices sont toujours minimes, et pourtant au bout d'un certain temps les administrateurs invitent à un banquet tous les consommateurs, et leur rendent par là les bénéfices que la caisse a réalisés. La tasse de café coûte cinq centimes; le petit verre (qui mérite ce nom à juste titre), cinq centimes ; le canon de bière, cinq centimes ; la chope, dix centimes; le cigare, cinq centimes.

Les habitués du *Canard blanc* sont ordinairement au nombre de cent cinquante à cent quatre-vingts ; mais au banquet on réunit une centaine de convives, le local ne permettant pas d'en recevoir davantage. Il y a là un bon repas dans lequel tout se passe dans l'ordre le plus parfait, sous la direction des administrateurs. On est émerveillé de voir le calme et la gaîté qui y règnent, et le dessert est égayé par des chansons ou chansonnettes comiques chantées par des malades. Ces petites fêtes ont lieu aux Rois et, pendant l'été, à la fête de l'atelier. Quand le jour est fixé, une députation composée d'administrateurs et de convives, vient inviter le directeur et les médecins à vouloir bien honorer la fête de leur présence; et plusieurs fois nous avons pu, au milieu d'eux, constater et faire constater le bonheur qu'on voyait peint sur tous les visages.

J'ajoute que c'est au zèle infatigable de l'aumônier, qui consacre tous ses instants au bonheur de nos aliénés, et qui ne recule devant aucun sacrifice, que nous devons des résultats aussi satisfaisants. Ces quelques mots sont bien au dessous de notre reconnaissance et des éloges qu'il mérite.

La musique plaît généralement aux aliénés et devient une agréable distraction pour ceux qui s'en occupent et pour ceux qui l'entendent. Aussi a-t-on organisé une petite fanfare dont les éléments sont pour le moment peu nombreux. Ils sont une vingtaine de musiciens et peuvent cependant exécuter des morceaux avec un ensemble assez satisfaisant. Les répétitions ont lieu ordinairement cinq fois par semaine. Une fois pendant ce temps la musique parcourt les différents quartiers de la maison, et va porter la joie et la consolation aux affligés. Ce jour est attendu avec impatience par la plupart d'entre eux. Elle précède souvent les malades lors de la promenade extérieure qui a lieu tous les quinze jours, et cette promenade, récompense des bonnes notes, se passe dans le plus grand ordre. Nous n'avons eu jusqu'à ce jour, depuis deux ans, à regretter ni une évasion, ni aucun accident, et pourtant ils sont quelquefois au nombre de cent vingt, et les promenades ont lieu au milieu des plus grandes foules, dans la foire, dans les carrousels, dans les fêtes publiques, les ducasses, et, je le répète, sans l'ombre de désordre. En route, chacun doit rester en rang avec ses compagnons désignés d'avance. Il est expressément défendu de fumer. On détermine pour cela et le lieu et le temps. Quand on fait une halte, on leur offre de légers rafraîchissements comme satisfaction de leur bonne tenue.

FÊTES PARTICULIÈRES.

Ce que l'on aime aussi et ce que l'on cherche à établir, c'est l'union entre eux. L'aliéné est porté à vivre seul, à ne s'occuper que de lui. Il faut donc chercher un remède à cette fâcheuse disposition, et l'on saisit l'occasion de la fête de l'un d'eux : ses amis lui offrent un bouquet, lui font un compliment composé par eux, et le complimenté demande une récréation, une petite fête, un petit extra, que l'on accorde avec plaisir. Cette habitude s'est contractée et se manifeste plus en grand vis-à-vis des supérieurs, des chefs de salle, de l'aumônier, du directeur, et pour ces messieurs on emploie même la musique, qui va donner une sérénade.

PROMENADES A L'INTÉRIEUR.

Le terrain appartenant à l'établissement est assez vaste, puisqu'il y a près de vingt-trois hectares entourés de murs, pour permettre de faire faire chaque jour deux promenades à tous les malades, sauf les impotents, les paralytiques trop avancés. Elle se fait au son du tambour pour donner à la marche plus de régularité. Elle est très utile aux agités qui arrivent facilement à se tenir dans les rangs et à suivre ceux qui les précèdent; mais elle est utile surtout à ceux qui ont une tendance à la paralysie, et qui resteraient des journées entières immobiles, endormis, si on ne les forçait à se mouvoir, ce qui ne manquerait pas de hâter les progrès de la maladie.

POMPIERS.

Depuis quelques mois on a aussi organisé une compagnie de pompiers pour manœuvrer la pompe à incendie que possède l'établissement. Il faut les voir dans leur costume, qui a été fabriqué à l'atelier des tailleurs. Lieutenant; sergents, caporaux, chacun pendant l'exercice est fier du rôle qu'il remplit. La musique pendant ce temps exécute des airs variés. Tous ces moyens excitent l'émulation et amènent une agréable diversion à la monotonie des asiles d'aliénés.

SOIRÉES, THÉATRE.

Le coucher a lieu vers huit heures du soir. Comme récompense, on permet à un certain nombre de prolonger la veille, et ils passent des soirées charmantes. La privation d'une de ces soirées est regardée comme une sévère punition. Ils aiment dans ces petites réunions, entourant l'aumônier et les frères qui se dévouent à ce service, eux qui sont choisis parmi les plus raisonnables, à causer tranquillement et à faire des projets d'avenir après leur guérison et leur sortie. Les uns font une partie de billard, d'autres une partie d'échecs, de dames, de cartes. De temps en temps on mange quelques gâteaux, on prend une tasse de thé, et tout cela est de nature à attirer beaucoup d'amateurs. D'autres encore s'occupent à étudier et à préparer des pièces de comédie, à apprendre des chansonnettes, et à un moment donné, tous les deux mois environ, il y a séance publique. Ces pièces de comédie réussissent ordinairement bien, et le public se retire heureux et satisfait de la manière dont chacun a interprêté son rôle. Cette étude est très utile pour cultiver la mémoire, exercer l'intelligence, et comme le genre de pièce est toujours comique, il fait une agréable diversion aux idées noires et à la tristesse qu'entraîne souvent avec elle cette mystérieuse maladie. Le théâtre serait bien monté en acteurs sans les guérisons et les améliorations obtenues. Les décors et l'ornementation de la salle ont été faits par un malade qui a recouvré la raison en exécutant ce travail, et qui a pu être rendu à sa famille et à la liberté.

Il est facile de voir d'après cet exposé quelles sont nos vues concernant le traitement des aliénés. Sans doute, nous n'avons pas encore exécuté toutes les améliorations que nous voudrions réaliser, notre désir serait de faire jouir de ces distractions le plus grand nombre de malades possible, riches ou pauvres, pensionnaires ou à la charge des départements ; mais nous ne nous arrêterons pas dans la voie où nous sommes entrés sans pour cela négliger les autres modes de traitement généralement exigés, bien persuadés que dans cette voie seule nous pourrons trouver les moyens propres à assurer la guérison ou au moins à amener du calme et de la joie dans l'esprit de ces malheureux si intéressants et autrefois si abandonnés.

Lille Imp. Lefebvre-Ducrocq.

www.ingramcontent.com/pod-product-compliance
Lightning Source LLC
Chambersburg PA
CBHW060519200326
41520CB00017B/5103